Índice

¡Introducción: Configuración 501c3 Hecha Fácil!...................1

Capítulo 1: Comprender las Organizaciones 501c3...................5

Capítulo 2: Elegir la Estructura Legal Adecuada para tu 501c3...................8

Capítulo 3: Registrar Tu Organización Sin Fines de Lucro...................13

Capítulo 4: Desarrollar una Declaración de Misión y una Declaración de Propósito...........17

Capítulo 5: Crear una Junta Directiva..............21

Capítulo 6: Construir una Base Sólida con Estatutos y Políticas...................25

Capítulo 7: Asegurar Financiamiento para tu 501c3...................29

Capítulo 8: Gestión de Finanzas y Reportes....34

Capítulo 9: Marketing y Promoción de Tu Organización Sin Fines de Lucro......................38

Capítulo 10: Mantener el Cumplimiento y el Éxito a Largo Plazo...................43

¡Introducción: Configuración 501c3 Hecha Fácil!

¡Bienvenido a "Configuración 501c3 Hecha Fácil!"—tu guía para establecer una organización sin fines de lucro exenta de impuestos sin esfuerzo. Ya sea que sueñes con iniciar una organización sin fines de lucro o formes parte de un grupo existente que busca obtener el estatus de exención de impuestos, este curso es tu hoja de ruta. Desmitificaremos las complejidades de la configuración de una organización sin fines de lucro, ofreciéndote una guía clara, paso a paso, y recursos invaluables.

Este curso está estructurado para desentrañar el mundo multifacético de las organizaciones 501c3, desde comprender los conceptos básicos hasta dominar la gestión financiera y más allá. Cada capítulo se centra en un componente vital, enriquecido con consejos prácticos y estrategias para catalizar tu éxito.

Capítulo 1: Comprender las Organizaciones 501c3

Aquí, profundizamos en los conceptos básicos: qué es una 501c3, quién califica, los beneficios y las actividades que te permiten obtener el estatus de exención de impuestos. Este conocimiento fundamental te preparará para un proceso de configuración sin problemas.

Capítulo 2: Elegir la Estructura Legal Adecuada

La longevidad de tu organización sin fines de lucro depende de esta decisión. Compararemos estructuras como fideicomisos caritativos, corporaciones y asociaciones, destacando sus pros y contras para ayudarte a alinear tu elección con tu misión.

Capítulo 3: Registrar Tu Organización Sin Fines de Lucro

Te guiaremos a través de cada paso para establecer legalmente tu organización sin fines de lucro. Desde obtener un Número de Identificación del Empleador (EIN) hasta manejar las particularidades específicas de cada estado, te tenemos cubierto.

Capítulo 4: Elaborar Tu Declaración de Misión

El corazón de tu organización sin fines de lucro es su declaración de misión. Te guiaremos en la elaboración de una declaración convincente que refleje tus valores y resuene con tu audiencia, asegurando que destaque.

Capítulo 5: Crear una Junta Directiva

Una junta robusta es crucial. Aprende cómo atraer miembros diversos y capaces y mantenerlos comprometidos, asegurando que estén bien preparados para gobernar y dirigir tu organización.

Capítulo 6: Construir una Base Sólida con Estatutos y Políticas

Estatutos y políticas claras son la columna vertebral de tu organización sin fines de lucro. Te ayudaremos a redactar estatutos que describan tus directrices de gobernanza y operativas, asegurando que tu organización funcione sin problemas.

Capítulo 7: Asegurar Financiamiento

La recaudación de fondos es un desafío formidable. Explora estrategias efectivas desde la redacción de subvenciones hasta la organización de eventos, y reúne consejos prácticos para lanzar iniciativas de recaudación de fondos exitosas.

Capítulo 8: Gestionar Finanzas y Reportes

Las prácticas financieras sólidas son innegociables. Cubriremos todo, desde la elaboración de presupuestos hasta la presentación de informes financieros, empoderándote para mantener la transparencia y la responsabilidad.

Capítulo 9: Marketing y Promoción de Tu Organización Sin Fines de Lucro

Descubre cómo promocionar eficazmente tu organización sin fines de lucro. Desde desarrollar una identidad de marca sólida hasta aprovechar las plataformas digitales, te equiparemos con estrategias para aumentar tu visibilidad e impacto.

Capítulo 10: Mantener el Cumplimiento y el Éxito a Largo Plazo

Mantén el cumplimiento con el IRS y otros organismos reguladores para proteger el futuro de tu organización sin fines de lucro. Te guiaremos a través de los requisitos continuos necesarios y te ayudaremos a elaborar un plan de crecimiento sostenible.

Punto Extra: Errores Comunes a Evitar

Aprende de los errores de otros. Resaltaremos los errores frecuentes en la configuración de una 501c3 y ofreceremos sabiduría para evitarlos, asegurando un comienzo sin problemas para tu organización sin fines de lucro.

Prepárate para embarcarte en tu gratificante viaje hacia la creación de un impacto significativo. ¡Vamos a sumergirnos en el primer capítulo y comenzar a transformar tu visión en realidad!

Capítulo 1: Comprender las Organizaciones 501c3

Bienvenido al mundo de las organizaciones 501(c)(3), donde la pasión se encuentra con el propósito, y donde comienza tu viaje para hacer un impacto significativo. Este capítulo es tu puerta de entrada para comprender estas entidades especiales que iluminan los caminos de la caridad y el servicio público.

Entonces, ¿qué es exactamente una organización 501(c)(3)? En pocas palabras, es un tipo de organización sin fines de lucro reconocida por el IRS como exenta de impuestos, lo que significa que no paga impuestos federales sobre la renta. Este estatus especial está reservado para organizaciones dedicadas a servir causas públicas o caritativas, ya sea a través de la educación, la promoción del esclarecimiento religioso o espiritual, el avance de la investigación científica, la ayuda a los desfavorecidos u otras nobles actividades.

Una de las mayores ventajas de una 501(c)(3) es la capacidad de recibir donaciones deducibles de impuestos. Esto no solo beneficia a la organización, sino que también sirve como un incentivo para los donantes que pueden reducir sus propias obligaciones fiscales, alentándolos a apoyar más generosamente la misión y los objetivos de la organización.

¿Pero qué hace que una 501(c)(3) se distinga de otras organizaciones? Vamos a explorar algunas características y requisitos distintivos:

Propósito Caritativo: Para calificar, una organización debe estar dedicada a una causa caritativa que beneficie al público o a un segmento específico de la sociedad necesitada. Esto puede variar desde aliviar la pobreza y promover la educación, hasta fomentar la salud y proporcionar alivio en desastres naturales.

Restricción de Distribución: Los activos e ingresos de una 501(c)(3) no pueden distribuirse a sus miembros, directores u oficiales. En cambio, deben dedicarse completamente a promover los propósitos exentos de la organización sin fines de lucro, asegurando que la organización se mantenga fiel a su misión y gane la confianza del público.

Prueba de Apoyo Público: Estas organizaciones deben demostrar un apoyo financiero sustancial del público u otras fuentes públicas para mantener su estatus de exención de impuestos. Este requisito asegura que la organización esté genuinamente comprometida con el interés público.

Prohibición de Actividades Políticas: Aunque las 501(c)(3) pueden participar en actividades de cabildeo limitadas que se alineen con su misión, están estrictamente prohibidas de hacer campaña política o apoyar a candidatos específicos. Esto ayuda a mantener el enfoque en sus actividades caritativas.

Informe y Transparencia: Anualmente, las organizaciones 501(c)(3) deben presentar el Formulario 990 al IRS, detallando sus actividades, finanzas y gobernanza. También deben poner cierta información, como el estatus de exención de impuestos y los estados financieros, a disposición del público bajo solicitud, promoviendo la transparencia y la responsabilidad.

Comprender estos elementos clave es crucial mientras consideras la creación de una 501(c)(3). Cumplir con estas regulaciones no solo asegura el mantenimiento del estatus de exención de impuestos, sino que también alinea tus operaciones con tus objetivos caritativos.

A medida que avanzamos al próximo capítulo, profundizaremos en las diferentes estructuras legales disponibles para las organizaciones 501(c)(3), ayudándote a elegir la mejor opción para tu visión y objetivos. ¡Mantente atento y prepárate para construir una base que empodere tus aspiraciones caritativas!

Capítulo 2: Elegir la Estructura Legal Adecuada para tu 501c3

Introducción

Bienvenido a un hito crucial en el establecimiento de tu organización sin fines de lucro: seleccionar la estructura legal ideal para tu organización 501(c)(3). La elección que hagas ahora sienta las bases para la gobernanza de tu organización sin fines de lucro, influye en sus obligaciones fiscales y define su responsabilidad. Este capítulo está diseñado para guiarte a través de la variedad de estructuras legales disponibles, sopesando sus beneficios y desventajas, y ayudándote a tomar una decisión bien informada que resuene con los objetivos y propósitos de tu organización.

Parte 1: Corporación Sin Fines de Lucro

¿Qué es una Corporación Sin Fines de Lucro?

La corporación sin fines de lucro es una elección popular entre las organizaciones 501(c)(3), y actúa como una entidad legal separada de sus fundadores y directores. Esta estructura es particularmente adecuada para organizaciones sin fines de lucro que esperan involucrar a un número significativo de empleados o miembros.

Ventajas de la Corporación Sin Fines de Lucro

- **Protección de Responsabilidad Limitada:** Como entidad distinta, protege tus activos personales de las obligaciones de la organización.
- **Beneficios Fiscales:** Te permite recibir donaciones deducibles de impuestos, mejorando tus capacidades de recaudación de fondos.
- **Existencia Perpetua:** La corporación continúa independientemente de los cambios en el liderazgo, asegurando estabilidad y continuidad.

Desafíos de la Corporación Sin Fines de Lucro

- **Cumplimiento Regulatorio:** Se espera que cumplas con estrictas obligaciones de informes y mantengas registros meticulosos.
- **Formalidades Operativas:** La estructura exige una gobernanza formal, como reuniones regulares de la junta y adherencia a los estatutos.
- **Implicaciones de Costo:** La incorporación y el mantenimiento implican tarifas más sustanciales y complejidades administrativas.

Parte 2: Asociación No Incorporada

Comprender las Asociaciones No Incorporadas
Para aquellos que buscan un arreglo menos formal, una asociación no incorporada ofrece a un

grupo de individuos u organizaciones la oportunidad de unirse por un propósito común sin las formalidades de la incorporación.

Ventajas de la Asociación No Incorporada

- **Simplicidad y Facilidad:** Es sencillo de configurar con un mínimo de complicaciones legales.
- **Flexibilidad de Gobernanza:** Menos restringido por leyes corporativas rígidas, permitiendo una toma de decisiones más adaptable.

Desventajas de la Asociación No Incorporada

- **Responsabilidad Personal:** Los miembros pueden ser personalmente responsables de las deudas y obligaciones.
- **Limitaciones de Recaudación de Fondos:** Recaudar fondos puede ser un desafío, ya que las contribuciones no son deducibles de impuestos.
- **Falta de Continuidad:** La existencia de la asociación está estrechamente ligada al compromiso de sus miembros.

Parte 3: Patrocinio Fiscal

¿Qué es el Patrocinio Fiscal? El patrocinio fiscal se refiere a un arreglo simbiótico donde una organización sin fines de lucro existente extiende su cobertura administrativa y legal a un individuo o grupo que realiza actividades caritativas, permitiéndoles beneficiarse del estatus 501(c)(3) del patrocinador.

Beneficios del Patrocinio Fiscal

- **Acceso Rápido al Estatus de Exención de Impuestos:** Comienza a recaudar fondos y acepta donaciones deducibles de impuestos de inmediato.
- **Apoyo Administrativo:** El patrocinador gestiona la mayor parte de las responsabilidades administrativas, permitiéndote centrarte en tu misión.
- **Orientación Experta:** Aprovecha el conocimiento y la experiencia de entidades establecidas para reforzar el éxito de tu proyecto.

Desafíos del Patrocinio Fiscal

- **Reducción de la Independencia:** La adherencia a las políticas del patrocinador podría limitar la autonomía de tu proyecto.
- **Consideraciones Financieras:** Los patrocinadores pueden deducir una tarifa de los fondos recaudados, afectando tu presupuesto.
- **Elegir un Patrocinador Compatible:** Alinear con un patrocinador que comparta tu visión y objetivos puede ser un desafío.

Conclusión

Decidir sobre el marco legal de tu organización sin fines de lucro no es solo una formalidad, es una decisión fundamental que influirá en la trayectoria de tu organización. Cada opción presenta ventajas y desafíos únicos, por lo que es esencial alinear tu elección con la visión y necesidades operativas de tu organización sin fines de lucro. Equipado con las ideas de este capítulo, ahora estás listo para seleccionar la estructura legal que mejor sirva a las aspiraciones de tu organización 501(c)(3). ¿Listo para profundizar más? Pasemos al próximo capítulo: "Registrar Tu Organización Sin Fines de Lucro."

Capítulo 3: Registrar Tu Organización Sin Fines de Lucro

La Importancia de la Inscripción

Emprender el camino de registrar tu organización sin fines de lucro es más que una necesidad burocrática; es un paso fundamental para sentar las bases de la legitimidad y confiabilidad de tu organización. Al obtener el reconocimiento oficial de las autoridades gubernamentales, abres la puerta a numerosos beneficios que son cruciales para tu crecimiento y sostenibilidad. Estas ventajas incluyen exenciones fiscales, elegibilidad para subvenciones y oportunidades de financiamiento, y la capacidad de recibir donaciones tanto de individuos como de corporaciones.

Además, el acto de registro también indica a los posibles donantes y partes interesadas que tu organización está comprometida con la transparencia y el cumplimiento de las normas legales. Este compromiso fomenta un sentido de confianza y fiabilidad, alentando un mayor apoyo y participación activa de la comunidad y más allá.

Navegando el Proceso de Registro

El proceso de registrar una organización sin fines de lucro puede variar según el país y la región, pero generalmente sigue una serie de pasos esenciales:

Comprender los Requisitos Legales: Comienza familiarizándote con los marcos legales específicos que rigen las actividades sin fines de lucro en tu área. Esto puede implicar comprender las regulaciones gubernamentales, preparar la documentación necesaria y cubrir cualquier tarifa relevante.

Elegir un Nombre Comercial: Selecciona un nombre que no solo refleje la misión y visión de tu organización, sino que también asegure que sea distintivo y no esté previamente utilizado por otra entidad. Este paso es crucial para establecer tu identidad única en la comunidad.

Redactar y Presentar los Artículos de Incorporación: Prepara y presenta los documentos legales fundamentales, como los artículos de incorporación. Estos documentos declaran oficialmente el propósito y la estructura de tu organización y se presentan ante el organismo gubernamental correspondiente.

Obtener un Número de Identificación del Empleador (EIN): Obtén un EIN de la autoridad fiscal relevante. Este número único es vital para las actividades relacionadas con los impuestos de tu organización y las interacciones formales con las agencias gubernamentales.

Solicitar el Estatus de Exención de Impuestos: Si eres elegible, busca el estatus de exención de impuestos, como la designación 501(c)(3) en los

Estados Unidos. Este paso requiere una presentación detallada que describa las actividades, operaciones financieras y gobernanza de tu organización.

Mantener el Cumplimiento: Una vez registrada, es imperativo mantenerse en cumplimiento con los requisitos de informes continuos y obligaciones regulatorias, como la presentación de informes financieros anuales y el mantenimiento de registros precisos.

Buscar Orientación Experta

Dadas las complejidades involucradas en el proceso de registro, se recomienda encarecidamente buscar el consejo de profesionales que se especialicen en derecho y gobernanza de organizaciones sin fines de lucro. Abogados o consultores de organizaciones sin fines de lucro pueden proporcionar una guía invaluable, asegurando que navegues el laberinto de registro con precisión y cumplas con todas las obligaciones legales necesarias.

Conclusión

Registrar tu organización sin fines de lucro no es solo un acto procedimental; es un movimiento crucial hacia el establecimiento de la credibilidad de tu organización y la seguridad de su futuro. Al adherirte a los pasos delineados y consultar con expertos, estableces el escenario para que tu organización sin fines de lucro prospere y sirva efectivamente a su comunidad.

Capítulo 4: Desarrollar una Declaración de Misión y una Declaración de Propósito

En el corazón de toda organización sin fines de lucro próspera se encuentra una declaración de misión clara y una declaración de propósito convincente. Estos elementos fundamentales no solo llenan espacio en tu sitio web o en la pared de tu oficina; son las estrellas guía que iluminan el camino de tu organización sin fines de lucro. Ofrecen dirección para la toma de decisiones, dan forma a tus actividades y articulan tus objetivos a todos los interesados, desde el personal hasta los seguidores. En este capítulo, profundizamos en por qué estas declaraciones son fundamentales y cómo redactar unas que resuenen profundamente y impulsen a tu organización hacia adelante.

El Poder de una Declaración de Misión

Piensa en tu declaración de misión como el alma de tu organización sin fines de lucro. Captura de manera sucinta la esencia de tu organización: su propósito, valores y dirección. Esto no es solo retórica administrativa; es una herramienta vital que alinea las actividades de tu organización con sus valores fundamentales. Una declaración de misión sólida asegura que todos los involucrados, desde los miembros del equipo hasta los voluntarios, desde los donantes hasta los beneficiarios, entiendan lo que representas y hacia qué te esfuerzas.

Aquí tienes por qué una declaración de misión sólida importa:

Enfoque y Alineación: Mantiene todos los esfuerzos alineados con tus valores y objetivos fundamentales. **Claridad y Comunicación:** Ofrece a todos una imagen clara del papel y las contribuciones de tu organización sin fines de lucro, distinguiendo tu impacto único en la comunidad. **Compromiso y Atracción:** Atrae a las partes interesadas que resuenan con tu visión y valores, mejorando tanto el apoyo como la credibilidad. **Apalancamiento en Recaudación de Fondos y Marketing:** Comunica sucintamente la importancia de tu trabajo, convirtiéndose en una herramienta invaluable en todas las comunicaciones externas.

Cómo Redactar tu Declaración de Misión: Una Guía Paso a Paso

Desarrollar una declaración de misión que realmente refleje las aspiraciones de tu organización sin fines de lucro requiere introspección, inclusión e iteración. Aquí tienes cómo abordarlo:

Evalúa tu Núcleo: Antes de escribir una sola palabra, reflexiona profundamente sobre el propósito, los valores y los objetivos de tu organización. ¿Qué necesidades estás abordando? ¿Qué cambio deseas ver? Comprende el núcleo de tu misión.

Involucra a tu Comunidad: La redacción de tu misión no debe ser una tarea solitaria. Involucra a las partes interesadas clave: miembros de la junta, personal, voluntarios y las comunidades a las que sirves. Este enfoque inclusivo no solo enriquece tu declaración, sino que también fomenta un compromiso compartido con ella.

Abraza la Simplicidad y la Claridad: Tu declaración de misión debe ser concisa y memorable. Apunta a la brevedad: unas pocas oraciones como máximo, y evita la jerga. Usa un lenguaje claro y accesible que resuene con una audiencia amplia.

Destaca el Impacto y los Valores: Articula claramente el impacto que busca tu organización sin fines de lucro y los valores que guían tus esfuerzos. Esta claridad no solo informará a los interesados sobre tus intenciones, sino que también atraerá a aquellos que comparten tu compromiso, ya sea con la justicia social, la sostenibilidad ambiental u otra causa fundamental.

Itera y Refina: Redacta tu declaración y luego tómate un tiempo. Busca comentarios dentro de tu comunidad y refina tus palabras hasta que realmente encarnen el espíritu y propósito de tu organización sin fines de lucro.

Al invertir tiempo en redactar una declaración de misión reflexiva, estableces una base sólida para el éxito de tu organización sin fines de lucro. Una misión bien definida no solo guía tus operaciones diarias, sino que también inspira y une a todos los involucrados en tu causa. Recuerda, una gran declaración de misión es tanto un faro para tu estrategia como una fuente de motivación que puede elevar a tu organización sin fines de lucro a nuevas alturas.

Capítulo 5: Crear una Junta Directiva

Introducción a la Junta Directiva

En el corazón de cada organización 501c3 próspera se encuentra una robusta junta directiva. Esta junta no es solo un requisito formal; es una fuerza impulsora que guía a la organización sin fines de lucro hacia su misión, moldeando sus caminos estratégicos y asegurando la integridad y el cumplimiento. En este capítulo, profundizaremos en por qué una junta dinámica es indispensable, qué hace que un miembro de la junta sea ejemplar y cómo armar un equipo que encarne la diversidad y la dedicación.

El Papel Central y las Responsabilidades de la Junta

La junta directiva es la columna vertebral de una organización sin fines de lucro, teniendo en sus manos el éxito a largo plazo de la organización. Sus responsabilidades van mucho más allá de la mera supervisión. Ellos establecen la visión de la organización sin fines de lucro, alineándola estratégicamente con su misión. Apoyan y evalúan al director ejecutivo, aprueban presupuestos, aseguran el cumplimiento legal y ético, lideran la recaudación de fondos y evalúan continuamente el desempeño de la organización. En esencia, son los guardianes del propósito y la prosperidad de la organización sin fines de lucro.

Qué Buscar en los Miembros de la Junta

Elegir a los miembros de la junta adecuados es fundamental. Los candidatos ideales son aquellos que no solo comparten una pasión ferviente por la misión de la organización, sino que también aportan experiencia relevante y perspectivas diversas. Busca individuos con fuertes cualidades de liderazgo, habilidades para tomar decisiones y un sólido entendimiento de la gobernanza sin fines de lucro. La diversidad no solo es beneficiosa; es esencial para una junta bien equilibrada que refleje experiencias y puntos de vista variados.

Reclutamiento y Composición de la Junta

Encontrar y reunir la mezcla adecuada de individuos para tu junta requiere un enfoque estratégico. Aprovecha tu red, conéctate con asociaciones profesionales e involucra a líderes comunitarios para descubrir candidatos potenciales que resuenen con tu misión. Establece un proceso claro y exhaustivo de reclutamiento de la junta que describa los roles, expectativas y los pasos involucrados, desde las solicitudes hasta las entrevistas. Seleccionar a los miembros de la junta adecuados es un paso crítico, asegurando que no solo sean capaces, sino también comprometidos a contribuir activamente a los objetivos de la organización.

Orientación y Capacitación de la Junta

Una vez que tu junta esté conformada, un programa integral de orientación y capacitación continua es crucial. Esta capacitación debe ayudarles a comprender completamente sus roles y las complejidades de la organización. Incluye información detallada sobre tu misión, estrategias operativas y políticas de gobernanza. Las sesiones de desarrollo regular también son vitales, permitiendo que los miembros de la junta afiancen sus habilidades y se mantengan al tanto de los desarrollos del sector y las mejores prácticas.

Evaluación y Renovación de la Junta

Para mantener una junta dinámica y efectiva, la evaluación regular es clave. Evaluar el desempeño colectivo de la junta, así como las contribuciones individuales, ayuda a identificar fortalezas y áreas de mejora. Busca retroalimentación de varios interesados para mejorar los procesos de toma de decisiones y la dinámica de la junta. También es prudente establecer límites de tiempo para los miembros de la junta para fomentar nuevas ideas y evitar la estancamiento, manteniendo a la junta vibrante y receptiva.

Conclusión

Construir una junta tan diversa como comprometida establece una base sólida para cualquier organización 501c3. A través del reclutamiento estratégico, la capacitación rigurosa y la evaluación continua, puedes crear una junta que no solo cumpla sino que supere las expectativas, guiando a tu organización sin fines de lucro hacia su visión con un compromiso inquebrantable y una experiencia invaluable.

Capítulo 6: Construir una Base Sólida con Estatutos y Políticas

Introducción

En el corazón de cada organización sin fines de lucro exitosa se encuentra una base sólida construida sobre estatutos claros y bien elaborados, así como políticas robustas. Estos documentos cruciales son más que simples formalidades; son las herramientas de navegación que guían las operaciones diarias y la estrategia a largo plazo de tu organización. Al comprender e implementar estatutos y políticas efectivos, aseguras que tu organización sin fines de lucro no solo opere sin problemas, sino que también cumpla con los estándares legales y mantenga su integridad.

¿Qué son los Estatutos y las Políticas?

Piensa en los estatutos como el plano de tu organización. Definen la estructura y los procedimientos fundamentales de tu organización sin fines de lucro. Los estatutos establecen cómo se toman las decisiones, los roles de los miembros de la junta, y los protocolos para reuniones y votaciones, proporcionando un camino claro para la gobernanza y la consistencia operativa.

Las políticas, por otro lado, son las directrices que gestionan la conducta dentro de tu organización.

Cubren todo, desde procedimientos financieros y recursos humanos hasta relaciones con donantes, ayudando a todos los involucrados a operar con claridad y confianza.

Por qué los Estatutos son Importantes

Los estatutos son la columna vertebral de tu organización. Establecen el marco interno y ayudan a garantizar que todos en la organización trabajen hacia los mismos objetivos con transparencia y responsabilidad. Tener estatutos detallados también solidifica la credibilidad y la fiabilidad de tu organización sin fines de lucro, facilitando la atracción de financiamiento y apoyo.

Desarrollar tus Estatutos

Al redactar tus estatutos, incluye elementos esenciales como el nombre y el propósito de la organización, detalles sobre la junta directiva, roles de los oficiales, y procedimientos específicos para reuniones, votaciones y manejo de conflictos de interés. Es importante adaptar estos estatutos a las necesidades únicas de tu organización sin fines de lucro. Consultar con expertos legales o profesionales experimentados en organizaciones sin fines de lucro puede ayudar a asegurar que tus estatutos cumplan con las leyes locales y estatales.

Aprobación y Revisiones Regulares

Después de redactar tus estatutos, deben ser ratificados por tu junta directiva. Pero no solo los archives. Revisa y actualiza regularmente tus estatutos para responder a cambios en la ley y a cambios en la estructura y objetivos de tu organización sin fines de lucro. Esto mantiene tus operaciones fluidas y relevantes.

Comprender las Políticas

Tipos de Políticas que Podrías Considerar

Desde la gestión financiera hasta la conducta del personal y la recaudación de fondos, las políticas abordan áreas operativas específicas. Políticas clave pueden incluir controles financieros, prácticas de reclutamiento y empleo, estándares éticos, y directrices para gestionar las relaciones con los donantes.

Desarrollar e Implementar Políticas

Cada política debe reflejar las necesidades y riesgos particulares asociados con tu organización. Colabora con las partes interesadas para redactar políticas que sean no solo comprensivas sino también prácticas. Una vez establecidas, estas políticas deben ser comunicadas efectivamente a toda la organización. Considera sesiones de capacitación regulares para asegurar que todos estén en la misma página.

Conclusión

Crear y mantener estatutos detallados y políticas comprensivas son pasos críticos para construir una base sólida para tu organización sin fines de lucro. Estos documentos hacen más que cumplir con un requisito legal: empoderan a tu organización para operar eficazmente, mantener la transparencia y sostener la confianza depositada en ti por tus partidarios y las comunidades a las que sirves.

Tómate el tiempo para redactar estos documentos de manera reflexiva y revísalos regularmente, ya que son clave para el éxito y la longevidad de tu organización sin fines de lucro.

Capítulo 7: Asegurar Financiamiento para tu 501c3

Introducción

El viaje de toda organización sin fines de lucro depende de su capacidad para asegurar el financiamiento necesario para dar vida a su misión y ampliar su alcance dentro de la comunidad. En este capítulo, profundizaremos en una variedad de estrategias y recursos diseñados para fortalecer tus esfuerzos de financiamiento, asegurando que tu 501(c)(3) no solo sobreviva sino que prospere.

Parte 1: Financiamiento a través de Subvenciones

1.1 Investigación de Subvenciones Encontrar las subvenciones adecuadas es como establecer una base sólida para tu organización sin fines de lucro. Comienza con una investigación diligente para descubrir subvenciones que resuenen con tu misión y objetivos. Navegaremos por los mares de las subvenciones tanto gubernamentales como de fundaciones privadas, equipándote con el conocimiento necesario para identificar y aprovechar las oportunidades adecuadas.

1.2 Redacción de Propuestas de Subvención Efectivas El arte de redactar subvenciones puede diferenciarte del resto. Esta sección está diseñada para guiarte en el desarrollo de propuestas de subvención persuasivas que capturen la esencia de tu misión, destaquen tu necesidad de apoyo y articulen claramente los objetivos y los impactos anticipados de tu proyecto.

1.3 Gestión y Reporte de Subvenciones

Asegurar una subvención es solo el comienzo. Una gestión adecuada y un reporte transparente son clave para mantener una relación fructífera con tus financiadores. Cubriremos las mejores prácticas en presupuestación, seguimiento de gastos y cumplimiento de los requisitos de reporte para mantener a tus financiadores informados y comprometidos.

Parte 2: Donantes Individuales

2.1 Cultivar Relaciones con Donantes

Individuales La columna vertebral de cualquier organización sin fines de lucro es su comunidad de seguidores. Aquí, aprenderás a cultivar relaciones duraderas con donantes individuales a través de estrategias efectivas de comunicación y compromiso, creando una red robusta de seguidores que sean tan apasionados por tu misión como tú.

2.2 Crear Campañas de Recaudación de Fondos

Efectivas Las campañas de recaudación de fondos exitosas van más allá de simplemente pedir donaciones; se trata de contar tu historia de una manera que resuene. Exploraremos cómo establecer objetivos claros, elaborar mensajes convincentes y utilizar diversos canales de recaudación de fondos para cautivar a los donantes potenciales.

2.3 Administración y Retención de Donantes La retención de donantes es crucial. Esta sección profundizará en las sutilezas de la administración de donantes, enfocándose en tácticas de agradecimiento, actualizaciones de impacto y formas de involucrar a los donantes en actividades continuas, asegurando que permanezcan como participantes activos en tu causa.

Parte 3: Patrocinio Corporativo

3.1 Identificación de Potenciales Patrocinadores Corporativos Muchas corporaciones están ansiosas por apoyar causas benéficas. Te guiaremos en la identificación de potenciales patrocinadores corporativos cuyos objetivos filantrópicos se alineen con los tuyos y cómo acercarte a ellos con propuestas persuasivas que hablen de su ética corporativa.

3.2 Crear Paquetes de Patrocinio Adaptar paquetes de patrocinio atractivos puede aumentar considerablemente tu atractivo para los patrocinadores corporativos. Esta parte del capítulo te ayudará a crear opciones de patrocinio que ofrezcan beneficios mutuos, alineándose estrechamente con los objetivos de marketing de tus socios corporativos.

3.3 Construir y Mantener Asociaciones Corporativas
Una asociación corporativa exitosa se basa en un compromiso continuo y beneficios mutuos. Exploraremos estrategias efectivas para mantener relaciones corporativas sólidas a través de una comunicación regular, apreciación y cumplimiento de compromisos.

Parte 4: Eventos de Recaudación de Fondos

4.1 Planificación de Eventos de Recaudación de Fondos Exitosos
Los eventos de recaudación de fondos no se tratan solo de recaudar dinero; se trata de crear experiencias que comprometan e inspiren. Desde seleccionar el tipo correcto de evento hasta ejecutarlo sin problemas, esta sección proporcionará una hoja de ruta para planificar eventos que cautiven y comprometan a tu audiencia.

4.2 Involucrar a Voluntarios para Eventos de Recaudación de Fondos
Los voluntarios son la savia de cualquier evento. Aprende cómo atraer, entrenar y gestionar voluntarios que puedan aportar energía, habilidades y entusiasmo a tus esfuerzos de recaudación de fondos, haciendo que cada evento sea un éxito.

4.3 Evaluación del Éxito del Evento y Seguimiento
El trabajo no termina cuando el evento termina. Cubriremos cómo evaluar el éxito de tus eventos, expresar gratitud a los participantes y aprovechar el impulso generado para impulsar

tus esfuerzos de recaudación de fondos hacia adelante.

Conclusión

Asegurar financiamiento para tu 501(c)(3) es un viaje continuo que demanda perseverancia, pensamiento estratégico y una comunicación clara. Armado con las estrategias descritas en este capítulo, ahora estás mejor preparado para obtener el apoyo necesario para impulsar tu misión y generar un cambio duradero en tu comunidad.

Capítulo 8: Gestión de Finanzas y Reportes

Introducción

Navegar por el panorama financiero de tu organización sin fines de lucro no solo es crucial; es la columna vertebral del éxito y la sostenibilidad de tu organización. Este capítulo profundiza en los elementos esenciales de la gestión financiera y los reportes que mantendrán tu 501(c)(3) en excelente forma fiscal.

8.1 Elaboración del Presupuesto para tu Organización Sin Fines de Lucro

Crear un presupuesto no se trata solo de números, se trata de establecer el escenario para la narrativa financiera de tu organización sin fines de lucro. Un presupuesto bien planificado te ayuda a asignar recursos sabiamente, seguir tu actividad financiera y dirigir tu organización hacia sus metas. Desglosaremos los componentes de un presupuesto sólido y compartiremos consejos prácticos para ayudarte a monitorear y perfeccionar tu plan financiero.

8.2 Registros Financieros y Contabilidad

La integridad de tus registros financieros es fundamental para la salud operativa de tu organización sin fines de lucro. Esta sección está dedicada a garantizar que tus datos financieros sean precisos y accesibles. Desde mantener documentos esenciales como balances generales y estados de flujo de efectivo hasta adoptar prácticas contables robustas, te guiaremos en la configuración de sistemas que respalden tu infraestructura financiera, incluidas recomendaciones para software de contabilidad fácil de usar.

8.3 Controles Internos y Prevención de Fraude

Proteger los activos de tu organización es primordial, y los controles internos robustos son tu primera línea de defensa contra el fraude. Esta sección describe estrategias críticas como la segregación de funciones, el establecimiento de políticas financieras exhaustivas y la realización de auditorías regulares. Además, profundizaremos en consejos prácticos para la detección y prevención de fraudes, asegurando que tu organización sin fines de lucro se mantenga segura y confiable.

8.4 Reportes Financieros y Cumplimiento

La transparencia y la responsabilidad en los reportes financieros no son solo requisitos regulatorios, son constructores de confianza. Aquí, navegaremos por las complejidades de los estados financieros, las auditorías anuales y el cumplimiento de las estipulaciones del IRS. Aprende cómo mostrar la salud financiera de tu organización sin fines de lucro con claridad y precisión, asegurándote de cumplir con todas las obligaciones legales mientras refuerzas la confianza de los interesados.

8.5 Informes de Subvenciones y Recaudación de Fondos

Si las subvenciones y la recaudación de fondos son líneas de vida para tu organización, la elaboración de informes precisos en estos frentes es crucial. Esta sección se enfoca en dominar el arte de las propuestas de subvenciones, la gestión efectiva de subvenciones y mantener una comunicación transparente con tus donantes. Cubriremos los aspectos esenciales del seguimiento y la elaboración de informes para que puedas maximizar tus esfuerzos de recaudación de fondos y mantener el compromiso de los donantes.

8.6 Sostenibilidad Financiera y Planificación

Para que tu organización sin fines de lucro prospere, la planificación financiera estratégica es esencial. Exploraremos técnicas para diversificar las fuentes de ingresos, elaborar un plan de recaudación de fondos convincente y fomentar relaciones duraderas con donantes y financiadores. Estas estrategias están diseñadas para fortalecer tu base financiera, promoviendo un futuro sostenible para tu organización.

Conclusión

Al dominar estas técnicas de gestión financiera y reportes, no solo proteges los activos de tu organización sin fines de lucro, sino que también construyes una base de confianza y credibilidad con tus partes interesadas. La gestión financiera efectiva asegura que enfrentes los desafíos actuales y futuros con confianza, asegurando la posición de tu organización para el éxito a largo plazo. Sigamos adelante, equipados con el conocimiento para tomar decisiones financieras informadas que impulsen tu misión hacia adelante.

Capítulo 9: Marketing y Promoción de Tu Organización Sin Fines de Lucro

Por Qué el Marketing Importa

Para las organizaciones sin fines de lucro, el arte del marketing no se trata solo de autopromoción; es esencial para la supervivencia y el crecimiento. Las estrategias de marketing efectivas aumentan la conciencia, atraen donantes e involucran a las comunidades, acciones cruciales para cualquier organización sin fines de lucro que aspire a tener un impacto. Este capítulo explora una variedad de técnicas de marketing que pueden ayudar a amplificar tu mensaje y conectarte con la audiencia adecuada.

9.1 Estableciendo Tu Identidad de Marca

Definiendo Tu Identidad Central:

Antes de poder persuadir a otros para que se unan a tu causa, debes definir quién eres. Establecer una identidad de marca sólida hace precisamente eso, sirviendo como la representación emocional, visual e intelectual de tu organización. Aquí te mostramos cómo empezar:

Declaración de Misión: Tu declaración de misión es tu grito de guerra. Debe ser clara, memorable y tocar el corazón de lo que haces y por qué. Esta declaración es tu primera oportunidad para comunicar tu propósito y valores.

Logo e Identidad Visual: Tu logo es a menudo la primera señal visual que la gente tiene de tu marca. Asegúrate de que sea distintivo, profesional y refleje tu misión. La consistencia en tu identidad visual en todas las plataformas, desde los colores hasta la tipografía, ayuda a reforzar el reconocimiento de tu marca.

Narrativa: Las historias resuenan profundamente. Elabora una narrativa convincente sobre las comunidades a las que ayudas y el cambio que fomentas. Esta historia debe ser central en todas tus comunicaciones, proporcionando un mensaje coherente y atractivo que atraiga a las personas.

9.2 Utilizando Canales de Marketing Digital

Maximizando el Impacto en Línea:

En la era digital, tener una presencia en línea robusta es innegociable. Aquí te mostramos cómo aprovechar al máximo el panorama digital:

Optimización del Sitio Web: Tu sitio web es tu sede digital. Haz que sea fácil de encontrar a través de los motores de búsqueda y asegúrate de que los visitantes tengan una experiencia positiva e informativa en cualquier dispositivo.

Engagement en Redes Sociales: Plataformas como Facebook, Twitter e Instagram son invaluables para contar historias y construir comunidad. Crea un plan estratégico de redes sociales que incluya actualizaciones regulares, contenido atractivo e interacción con tus seguidores.

Correo Electrónico: Desarrolla una estrategia sólida de correo electrónico para mantener informados y comprometidos a tus seguidores. Segmenta tu audiencia para una comunicación personalizada, comparte historias de éxito e invita a la participación y las donaciones.

9.3 Abrazando Tácticas de Marketing Tradicional

Mezclando lo Viejo y lo Nuevo:

Aunque lo digital es crucial, los métodos tradicionales todavía tienen valor:

Materiales Impresos: Artículos tangibles como folletos y volantes pueden dejar una impresión duradera. Úsalos para difundir la palabra en centros comunitarios, bibliotecas y negocios locales.

Hablar en Público y Eventos: Comparte tu historia y misión a través de oportunidades de hablar en público y organizar eventos. Estas interacciones personales son poderosas para construir apoyo y conciencia.

Relaciones con los Medios: Forja relaciones con los medios locales para obtener cobertura de tu organización sin fines de lucro. La narración efectiva puede atraer la atención de los medios, amplificando aún más tu alcance.

9.4 Aprovechando las Alianzas Corporativas

Beneficios Mutuos:

Las alianzas con empresas pueden proporcionar beneficios mutuos y elevar tu visibilidad:

Marketing de Causa: Colabora en campañas que se alineen con tu misión y resuenen con ambas audiencias.

Patrocinios Corporativos: Involucra a las empresas como patrocinadores de eventos o programas, proporcionando visibilidad mientras apoyan tus esfuerzos.

Participación de Empleados: Fomenta programas de voluntariado corporativo que fomenten conexiones más profundas y proporcionen ayuda práctica de las comunidades empresariales.

9.5 Medir el Éxito y Adaptar Estrategias

Mejora Continua:

Para asegurar que tus esfuerzos de marketing sean efectivos, mide y adapta según el rendimiento:

Indicadores Clave de Desempeño (KPI): Establece KPI claros relacionados con el compromiso de los donantes, el tráfico del sitio web y la actividad en redes sociales. Monitorea estos indicadores para evaluar tus estrategias.

Aprendizaje y Adaptación: Mantente al día con las tendencias de marketing y refina continuamente tu enfoque basado en percepciones y desarrollos de la industria.

Conclusión

Implementar un plan de marketing integral es vital para el éxito de tu organización sin fines de lucro. Mantente fiel a tu marca, utiliza métodos tanto digitales como tradicionales, busca alianzas beneficiosas y siempre está listo para adaptarte. Tus esfuerzos en marketing ayudarán significativamente a avanzar en tu misión y a lograr un cambio significativo.

Capítulo 10: Mantener el Cumplimiento y el Éxito a Largo Plazo

Mantener el cumplimiento no se trata solo de marcar casillas; es fundamental para el éxito sostenido de tu organización 501c3. Asegurar que tu organización sin fines de lucro cumpla con todos los requisitos legales y reglamentarios mantiene tus operaciones legales, éticas y, lo más importante, exentas de impuestos. Este capítulo desglosa lo esencial del cumplimiento y esboza estrategias para garantizar la longevidad y eficacia de tu organización.

Navegando las Aguas del Cumplimiento

Marcos Legales y Gubernamentales:
Mantenerse al tanto de las obligaciones legales y gubernamentales es primordial. Esto significa estar bien informado sobre las leyes federales, estatales y locales que afectan las operaciones de las organizaciones sin fines de lucro, desde las obligaciones fiscales y la gobernanza hasta la recaudación de fondos y las prácticas laborales. Tener una persona o un equipo dedicado a supervisar el cumplimiento no solo mantiene tu organización sin fines de lucro del lado correcto de la ley, sino que también fortalece su integridad y la confianza del público.

Requisitos del IRS: Las presentaciones anuales ante el IRS, como el Formulario 990 o el

Formulario 990-EZ, son críticas para demostrar tu responsabilidad financiera y mantener tu estatus de exención de impuestos. Mantener registros precisos y reportar a tiempo es tu armadura contra sanciones y asegura que tu organización continúe beneficiándose de sus privilegios fiscales.

Cumplimiento en la Recaudación de Fondos: Participar en la recaudación de fondos requiere adherirse a varias leyes estatales. El registro con agencias estatales, las declaraciones de divulgación transparentes y la presentación de informes consistentes son parte de una estrategia de cumplimiento robusta que te protege de posibles complicaciones legales.

Ley Laboral: Como empleador, el cumplimiento con las leyes laborales federales y estatales no es negociable. Esto incluye desde políticas contra la discriminación hasta regulaciones de salarios y seguridad. Revisar regularmente tus políticas y prácticas es crucial para asegurar el cumplimiento continuo y proteger tanto a tu personal como a tu organización.

Integridad Financiera: La Piedra Angular del Cumplimiento

Políticas Financieras Robustas: Políticas financieras claras son tu hoja de ruta para gestionar presupuestos, gastos y donaciones. Estas políticas deben ser transparentes, éticas y adaptables, asegurando que evolucionen con las necesidades de tu organización sin fines de lucro y el entorno externo.

Controles Internos y Gestión de Riesgos: Controles internos fuertes ayudan a proteger tus activos, prevenir el fraude y asegurar informes financieros precisos. Auditorías regulares y supervisión estratégica son necesarias para gestionar riesgos y proteger la salud financiera de tu organización.

Transparencia en los Informes: Mantén tus registros financieros meticulosos y organizados para simplificar los informes y asegurar la transparencia. Estados financieros regulares y compartir abiertamente esta información con tu junta directiva, donantes y partes interesadas refuerza tu compromiso con la responsabilidad y la transparencia.

Evaluar el Impacto y Mejorar los Programas

Evaluación de Programas: Un proceso de evaluación exhaustivo es vital para entender la efectividad de tus programas. Establece objetivos claros, recopila datos y analiza los resultados para ajustar tus iniciativas. Deja que los conocimientos basados en datos guíen tus ajustes estratégicos para maximizar el impacto.

Comunicar el Éxito: Desarrolla métodos para medir y comunicar el impacto de tu trabajo. Ya sea a través de encuestas, estudios de casos o métricas cuantificables, estos conocimientos no solo miden tu efectividad sino que también fortalecen tu narrativa ante las partes interesadas, aumentando la confianza y el apoyo.

Construir una Base con Personas y Socios

Compromiso de la Junta Directiva y el Personal: Invierte en el desarrollo de tu junta directiva y planifica el liderazgo futuro para asegurar que la gobernanza permanezca fuerte y efectiva. De manera similar, enfócate en reclutar, capacitar y retener personal comprometido con tu misión. Un ambiente de trabajo enriquecedor y oportunidades de crecimiento profesional pueden aumentar significativamente la satisfacción laboral y la lealtad.

Cultivar Relaciones y Colaboraciones: Forja asociaciones con otras organizaciones sin fines de lucro, organismos gubernamentales y organizaciones comunitarias afines. Estas alianzas pueden expandir tu alcance, amplificar tu impacto y asegurar resultados más sostenibles.

Aprendizaje Continuo y Adaptabilidad: Adopta una cultura de mejora continua solicitando regularmente retroalimentación, aprendiendo de las evaluaciones y adaptándote a los cambios del sector. Este enfoque proactivo asegura que tu organización sin fines de lucro permanezca relevante y responda a las necesidades de aquellos a quienes sirve.

A través del cumplimiento diligente, la gestión financiera estratégica y la evaluación dinámica de programas, tu organización sin fines de lucro no solo puede sobrevivir sino prosperar. Al incorporar estas prácticas en la cultura de tu organización, la preparas no solo para navegar el presente sino para moldear un futuro exitoso.

Punto Extra: Evitar Errores Comunes en la Creación de una 501c3

Introducción: Emprender el viaje para establecer una organización sin fines de lucro 501c3 es tanto emocionante como desalentador. Mientras navegas por este proceso, es crucial estar consciente de los errores comunes que pueden descarrilar tus esfuerzos. En esta sección, arrojaremos luz sobre algunos errores frecuentes cometidos por aspirantes a fundadores de organizaciones sin fines de lucro y cómo puedes evitarlos para asegurar un comienzo sin problemas y un futuro sostenible para tu organización.

1. **La Importancia de la Preparación: Planificación e Investigación** Uno de los errores más tempranos y críticos es omitir una planificación e investigación exhaustivas. Entender el panorama es clave:
    - **Realiza una Investigación de Mercado Exhaustiva:** Investiga profundamente para entender las

necesidades de tu audiencia objetivo. Explora las organizaciones sin fines de lucro existentes en tu nicho, evalúa su impacto y señala qué distingue a tu misión. Este trabajo preliminar ayuda a crear un nicho único para tu organización sin fines de lucro.
- **Elabora un Plan de Negocios Robusto:** Muchos fundadores subestiman el valor de un plan de negocios bien definido. Este documento es más que solo papeleo; es tu hoja de ruta para el futuro. Describe tu visión, misión y los pasos estratégicos necesarios para lograr tus objetivos, guiando a tu organización sin fines de lucro hacia el crecimiento y la sostenibilidad.

2. **Elegir la Estructura Legal Correcta** La base de tu organización depende significativamente de su estructura legal:
   - **Selecciona la Estructura Legal Apropiada:** Asegúrate de elegir la estructura, ya sea un fideicomiso, asociación o corporación, que mejor se alinee con tu misión y estilo operativo. Una elección incorrecta aquí puede llevar a desafíos legales engorrosos más adelante.

- **Cumple con las Leyes y Regulaciones:** Las organizaciones sin fines de lucro están regidas por una compleja variedad de leyes estatales y federales. La adherencia a estas leyes no es opcional; es esencial. Mantenerte al día con las presentaciones necesarias, entender las regulaciones de recaudación de fondos y mantener tu estatus de exención de impuestos son fundamentales para la credibilidad y legalidad de tu organización sin fines de lucro.

3. **Construir una Gobernanza Efectiva y Gestión de la Junta Directiva** La fortaleza de tu gobernanza puede hacer o deshacer tu organización sin fines de lucro:
    - **Reclutamiento Estratégico de la Junta Directiva:** Apresurarse en el reclutamiento de miembros de la junta directiva es un error común. Tómate el tiempo para encontrar individuos que no solo compartan tu visión sino que también aporten habilidades relevantes y un compromiso genuino con tu causa.
    - **Implementación de Políticas de Gobernanza:** Operar sin políticas y procedimientos de gobernanza claros es una receta para el caos interno. Establece estatutos

integrales, políticas de conflicto de intereses y roles y responsabilidades claramente definidos para los miembros de la junta directiva. Estas medidas fomentan la responsabilidad y un flujo operativo sin problemas.
4. **Gestionar las Finanzas de Manera Inteligente** La mala gestión financiera es a menudo un escollo para nuevas organizaciones sin fines de lucro:
    - **Desarrolla un Proceso de Presupuestación Claro:** Establece un presupuesto detallado que refleje los objetivos de tu organización, teniendo en cuenta tanto los ingresos como los gastos. Revisiones y ajustes regulares a este presupuesto mantendrán tus finanzas alineadas con tus objetivos estratégicos.
    - **Mantén Registros Financieros Rigurosos:** Informes financieros precisos y oportunos no se tratan solo de cumplimiento; se trata de transparencia y confianza. Mantén registros meticulosos de todas las transacciones y asegúrate de que tus estados financieros sean precisos y accesibles.

Conclusión: Reconociendo estos errores comunes y abordándolos de manera proactiva, estableces una base sólida para tu organización sin fines de lucro. Recuerda, la preparación adecuada, la previsión legal, la gestión efectiva de la junta directiva y los controles financieros rigurosos no son solo buenas prácticas; son pilares indispensables que apoyan la longevidad e impacto de tu 501c3. Aprende de los errores de otros y adopta las mejores prácticas para construir una organización resiliente e impactante.

www.ingramcontent.com/pod-product-compliance
Lightning Source LLC
Chambersburg PA
CBHW050244230526
45470CB00005B/2109